AF188983

Impressum
Verlag: BABADADA GmbH, Nedderfeld 112 , 22529 Hamburg
Geschäftsführer / Verlagsleitung: Harald Hof
Druck: Books on Demand GmbH, In de Tarpen 42, 22848 Norderstedt

Imprint
Publisher: BABADADA GmbH, Nedderfeld 112 , 22529 Hamburg, Germany
Managing Director / Publishing direction: Harald Hof
Print: Books on Demand GmbH, In de Tarpen 42, 22848 Norderstedt, Germany

ділити
divide

186/2

дошка
board

класна кімната
classroom

шкільний двір
school yard

вчитель
teacher

папір
paper

ручка
pen

письмовий стіл
desk

лінійка
ruler

книга
book

писати
write

учень
pupil

ранець
satchel

пенал
pencil case

олівець
pencil

точило
pencil sharpener

гумка
rubber

альбом для малювання
drawing pad

малюнок

drawing

пензель

paintbrush

коробка фарб

paint box

ножиці

scissors

клей

glue

зошит

exercise book

домашнє завдання

homework

12

число

number

2+2

додавати

add

5-2

віднімати

subtract

2×2

множити

multiply

рахувати

calculate

A

літера

letter

ABCDEFG
HIJKLMN
OPQRSTU
VWXYZ

абетка

alphabet

hello

слово

word

текст

text

читати

read

крейда

chalk

година

lesson

класний журнал

register

екзамен

exam

диплом

certificate

шкільна форма

school uniform

освіта

education

лексикон

encyclopedia

університет

university

мікроскоп

microscope

карта

map

кошик для паперу

paper bin

школа - school

готель
hotel

Grand

турбаза
hostel

обмінний пункт
bureau de change

валіза
suitcase

автомобіль
car

мова

language

так / ні

yes / no

добре

Okay

привіт

hello

перекладач

translator

дякую

Thank you

Скільки коштує ...?

how much does ... cost?

Я не розумію

I do not understand

проблема

problem

Добрий вечір!

Good evening!

Доброго ранку!

Good morning!

На добраніч!

Good night!

До побачення

bye bye

напрямок

direction

багаж

luggage

сумка

bag

рюкзак

backpack

гість

guest

кімната

room

спальний мішок

sleeping bag

намет

tent

туристична інформація

tourist information

пляж

beach

кредитна картка

credit card

сніданок

breakfast

обід

lunch

вечеря

dinner

квиток

ticket

ліфт

lift

поштова марка

stamp

межа

border

митниця

customs

посольство

embassy

віза

visa

паспорт

passport

літак
aeroplane

корабель
ship

пожежна машина
fire engine

автобус
bus

вантажний автомобіль
truck

моторний човен
motorboat

велосипед
bike

автомобіль
car

пором

ferry

човен

boat

мотоцикл

motorbike

поліцейська машина

police car

гоночний автомобіль

racing car

автомобіль на прокат

rental car

спільне користування авто

car sharing

евакуатор

breakdown truck

сміттєвоз

refuse truck

двигун

motor

паливо

fuel

автозаправна станція

petrol station

дорожній знак

traffic sign

рух

traffic

затор

traffic jam

стоянка

car park

вокзал

train station

рейки

tracks

потяг

train

трамвай

tram

вагон

carriage

гелікоптер

helicopter

аеропорт

airport

вежа

tower

пасажир

passenger

контейнер

container

коробка

carton

візок

cart

кошик

basket

стартувати / приземлятися

take off / land

місто

city

село

village

центр міста

city centre

дім

house

кіно
cinema

реклама
advert

вуличний ліхтар
street light

вулиця
street

таксі
taxi

кіоск
snack shop

пішохід
pedestrian

тротуар
pavement

пішохідний перехід
zebra crossing

сміттєве відро
bin

перехрестя
crossing

світлофор
traffic lights

хатина
hut

квартира
flat

вокзал
train station

ратуша
town hall

музей
museum

школа
school

місто - city

університет

university

банк

bank

лікарня

hospital

готель

hotel

аптека

pharmacy

офіс

office

книжковий магазин

book shop

магазин

shop

квітковий магазин

florist's

супермаркет

supermarket

ринок

market

універмаг

department store

торговець рибою

fishmonger's

торговельний центр

shopping centre

гавань

harbour

парк

park

лава

bench

міст

bridge

сходи

stairs

метро

underground

тунель

tunnel

автобусна зупинка

bus stop

бар

bar

ресторан

restaurant

поштова скринька

postbox

вулична табличка

road sign

лічильник паркування

parking meter

зоопарк

zoo

басейн

swimming pool

мечеть

mosque

місто - city

ферма

farm

забруднення
навколишнього
середовища
pollution

кладовище

graveyard

церква

church

дитячий майданчик

playground

храм

temple

ландшафт

landscape

листок
leaf

вказівний стовп
signpost

шлях
way

луг
meadow

камінь
stone

дерево
tree

мандрівник
hiker

річка
river

трава
grass

квітка
flower

долина

valley

гора

hill

озеро

lake

ліс

forest

пустеля

desert

вулкан

volcano

замок

castle

веселка

rainbow

гриб

mushroom

пальма

palm tree

комар

mosquito

муха

fly

мурашка

ant

бджола

bee

павук

spider

ландшафт - landscape

жук

beetle

жаба

frog

вивірка

squirrel

їжак

hedgehog

заєць

hare

сова

owl

птах

bird

лебідь

swan

кабан

boar

олень

deer

лось

moose

гребля

dam

вітряк

wind turbine

солнячний модуль

solar panel

клімат

climate

офіціант
waiter

меню
menu

стілець
chair

суп
soup

піца
pizza

столові прилади
cutlery

скатертина
tablecloth

закуска

starter

друга страва

main course

десерт

dessert

напої

drinks

їжа

food

пляшка

bottle

фаст-фуд

fast food

вулична їжа

street food

чайник

teapot

цукорниця

sugar bowl

порція

portion

еспресо-машина

espresso machine

високий стільчик

high chair

рахунок

bill

піднос

tray

ніж

knife

вилка

fork

ложка

spoon

чайна ложка

teaspoon

серветка

serviette

склянка

glass

тарілка

plate

тарілка для супу

soup plate

блюдце

saucer

соус

sauce

солонка

salt cellar

млин для перцю

pepper mill

оцет

vinegar

масло

oil

спеції

spices

кетчуп

ketchup

гірчиця

mustard

майонез

mayonnaise

супермаркет
supermarket

пропозиція
special offer

клієнт
customer

молочні продукти
dairy

фрукти
fruit

візок для покупок
trolley

м'ясний магазин

butcher´s

пекарня

baker´s

зважувати

weigh

овочі

vegetables

м'ясо

meat

заморожені продукти

frozen food

ковбасна нарізка

cold meat

консерви

tinned food

пральний порошок

washing powder

солодощі

sweets

предмети домашнього побуту

household products

мийний засіб

cleaning products

продавщиця

salesperson

каса

till

касир

cashier

список покупок

shopping list

часи роботи

opening hours

гаманець

wallet

кредитна картка

credit card

сумка

bag

поліетиленовий пакет

plastic bag

вода

water

сік

juice

молоко

milk

кола

coke

вино

wine

пиво

beer

алкоголь

alcohol

какао

cocoa

чай

tea

кава

coffee

еспресо

espresso

капучіно

cappuccino

банан

banana

яблуко

apple

апельсин

orange

кавун

melon

лимон

lemon

морква

carrot

часник

garlic

бамбук

bamboo

цибуля

onion

гриб

mushroom

горішки

nuts

локшина

noodles

спагеті

spaghetti

рис

rice

салат

salad

картопля фрі

chips

смажена картопля

fried potatoes

піца

pizza

гамбургер

hamburger

бутерброд

sandwich

шніцель

cutlet

шинка

ham

салямі

salami

ковбаса

sausage

курка

chicken

печеня

roast

риба

fish

вівсяні пластівці

porridge oats

мюслі

muesli

кукурудзяні пластівці

cornflakes

борошно

flour

круасан

croissant

булочка

bread roll

хліб

bread

тостовий хліб

toast

печиво

biscuits

масло

butter

сир

curd

пиріг

cake

яйце

egg

яєчня

fried egg

сир

cheese

їжа - food

морозиво

ice cream

цукор

sugar

мед

honey

мармелад

jam

нуга-крем

chocolate spread

карі

curry

сільський будинок
farmhouse

комора
barn

солом'яні тюки
straw bale

поле
field

кінь
horse

причіп
trailer

лоша
foal

трактор
tractor

віслюк
donkey

ягня
lamb

вівця
sheep

коза
goat

корова
cow

теля
calf

свиня
pig

порося
piglet

бик
bull

гусак

goose

качка

duck

курча

chick

курка

hen

півень

cock

щур

rat

кіт

cat

миша

mouse

віл

ox

собака

dog

собача будка

doghouse

садовий шланг

garden hose

лійка

watering can

коса

scythe

плуг

plough

серп

sickle

мотика

hoe

вила

pitchfork

сокира

axe

тачка

wheelbarrow

корито

trough

бідон молока

milk can

мішок

sack

паркан

fence

хлів

stable

теплиця

greenhouse

ґрунт

soil

насіння

seed

добриво

fertilizer

комбайн

combine harvester

пожинати

harvest

урожай

harvest

корінь ямсу

yams

пшениця

wheat

соя

soy

картопля

potato

кукурудза

corn

ріпак

rapeseed

плодове дерево

fruit tree

маніок

cassava

злаки

cereals

димохід
chimney

дах
roof

водостічний лоток
drain pipe

вікно
window

гараж
garage

дзвінок
doorbell

двері
door

відро для сміття
rubbish bin

поштова скринька
letterbox

сад
garden

вітальня
living room

ванна кімната
bathroom

кухня
kitchen

спальня
bedroom

дитяча кімната
child's room

їдальня
dining room

підлога

floor

стіна

wall

стеля

ceiling

підвал

cellar

сауна

sauna

балкон

balcony

тераса

terrace

басейн

pool

косарка

lawn mower

простирало

sheet

ковдра

bedspread

ліжко

bed

мітла

broom

відро

bucket

перемикач

switch

шпалери
wallpaper

малюнок
picture

лампа
lamp

поличка
shelf

шафа
cupboard

камін
fireplace

телевізор
television

квітка
flower

подушка
cushion

ваза
vase

диван
sofa

пульт
remote control

килим

carpet

завіса

curtain

стіл

table

стілець

chair

крісло-гойдалка

rocking chair

крісло

armchair

книга
book

ковдра
blanket

прикраса
decoration

дрова
firewood

фільм
film

стереосистема
hi-fi equipment

ключ
key

газета
newspaper

картина
painting

плакат
poster

радіо
radio

блокнот
notepad

пилосос
hoover

кактус
cactus

свічка
candle

холодильник
fridge

мікрохвильова піч
microwave oven

кухонні ваги
kitchen scales

тостер
toaster

мийний засіб
detergent

піч
oven

морозильне відділення
freezer

відро для сміття
rubbish bin

посудомийна машина
dishwasher

плита
cooker

горщик
pot

чавунний горщик
cast-iron pot

вок / кадай
wok / kadai

сковорода
pan

чайник
kettle

пароварка

steamer

лист

baking tray

посуд

crockery

кухоль

mug

чаша

bowl

палички для їжі

chopsticks

черпак

ladle

лопатка

spatula

вінчик для збивання

whisk

сито

strainer

сито

sieve

терка

grater

ступка

mortar

барбекю

barbecue

багаття

open fire

дошка

chopping board

качалка

rolling pin

штопор

corkscrew

конзерва

can

відкривачка

can opener

прихватки

pot holder

раковина

sink

щітка

brush

губка

sponge

міксер

blender

морозильна камера

deep freezer

дитяча пляшка

baby bottle

кран

tap

опалення
heating

рушник
towel

душ
shower

піниста ванна
bubble bath

душова завіса
shower curtain

ванна
bathtub

склянка
glass

пральна машина
washing machine

плитка
tiles

кран
tap

горшок
potty

раковина
sink

туалет
toilet

підлоговий туалет
squat toilet

біде
bidet

пісуар
urinal

туалетний папір
toilet paper

щітка для туалету
toilet brush

зубна щітка

toothbrush

зубна паста

toothpaste

нитка для чищення зубів

dental floss

мити

wash

ручний душ

handheld shower

інтимний душ

douche

таз

basin

щітка для спини

back brush

мило

soap

гель для душу

shower gel

шампунь

shampoo

мочалка

flannel

водостік

drain

крем

cream

дезодорант

deodorant

дзеркало

mirror

космэтичне дзеркало

hand mirror

бритва

razor

піна для гоління

shaving foam

лосьйон після гоління

aftershave

гребінь

comb

щітка

brush

фен

hair dryer

лак для волосся

hairspray

косметика

makeup

губна помада

lipstick

лак для нігтів

nail varnish

вата

cotton wool

ножиці для нігтів

nail scissors

парфум

perfume

косметичка

washbag

табурет

stool

ваги

weighing scale

халат

bathrobe

гумові рукавички

rubber gloves

тампон

tampon

гігієнічні прокладки

sanitary towel

біотуалет

chemical toilet

дитяча кімната
child's room

будильник
alarm clock

м'яка іграшка
cuddly toy

іграшковий автомобіль
toy car

брязкальце
rattle

ляльковий будиночок
doll's house

подарунок
present

повітряна кулька

balloon

ліжко

bed

дитячий візок

pram

картярська гра

deck of cards

пазл

jigsaw

комікс

comic

лего цеглинки

lego bricks

блоки

building blocks

іграшкова фігурка

action figure

повзунки

romper suit

фризбі

Frisbee

мобіле

mobile

настільна гра

board game

кубик

dice

модель залізнична станція

model train set

соска

dummy

вечірка

party

книжка з картинками

picture book

м'яч

ball

лялька

doll

грати

play

пісочниця

sandpit

гойдалка

swing

іграшка

toys

гральна консоль

video game console

триколісний велосипед

tricycle

плюшевий мішка

teddy bear

шафа

wardrobe

одяг

clothing

шкарпетки

socks

панчохи

stockings

колготки

tights

шарф
scarf

парасоля
umbrella

футболка
t-shirt

ремінь
belt

чоботи
boots

домашнє взуття
slippers

кросівки
trainers

сандалі
sandals

взуття
shoes

гумові чоботи
rubber boots

труси
underpants

бюстгальтер
bra

нижня сорочка
vest

одяг - clothing

боді

body

штани

trousers

джинси

jeans

спідниця

skirt

блузка

blouse

сорочка

shirt

пуловер

pullover

светр

hoodie

піджак

blazer

куртка

jacket

пальто

coat

дощовик

raincoat

костюм

costume

сукня

dress

весільна сукня

wedding dress

костюм

suit

нічна сорочка

nightgown

піжама

pyjamas

сарі

sari

головна хустка

headscarf

чалма

turban

бурка

burqa

кафтан

kaftan

абая

abaya

купальник

swimsuit

плавки

trunks

шорти

shorts

тренувальний костюм

tracksuit

фартух

apron

рукавички

gloves

гудзик

button

окуляри

glasses

браслет

bracelet

ланцюг

necklace

кільце

ring

сережка

earring

шапка

cap

плічка

coat hanger

капелюх

hat

краватка

tie

застібка-блискавка

zipper

шолом

helmet

підтяжки

braces

шкільна форма

school uniform

уніформа

uniform

нагрудник
bib

соска
dummy

підгузок
nappy

сервер
server

шаф для документів
filing cabinet

принтер
printer

монітор
monitor

папір
paper

миша
mouse

письмовий стіл
desk

папка
folder

синтезатор
keyboard

кошик для паперу
paper bin

стілець
chair

комп'ютер
computer

кавовий кухоль
coffee mug

калькулятор
calculator

інтернет
internet

ноутбук

laptop

лист

letter

повідомлення

message

мобільний телефон

mobile

мережа

network

копіювальний пристрій

photocopier

програмне забезпечення

software

телефон

telephone

розетка

plug socket

факс

fax machine

бланк

form

документ

document

купувати

buy

платити

pay

торгувати

trade

гроші

money

 USD

долар

dollar

 EUR

євро

euro

 JPY

ієна

yen

 RUB

рубль

rouble

 CHF

франк

Swiss franc

 CNY

юанів женьміньбі

renminbi yuan

 INR

рупія

rupee

банкомат

cashpoint

обмінний пункт

bureau de change

золото

gold

срібло

silver

нафта

oil

енергія

energy

ціна

price

контракт

contract

податок

tax

акція

stock

працювати

work

працівник

employee

роботодавець

employer

фабрика

factory

магазин

shop

економіка - economy

поліцейський
police officer

пожежник
fireman

пілот
pilot

повар
cook

лікар
doctor

садівник

gardener

столяр

carpenter

швачка

seamstress

суддя

judge

хімік

chemist

актор

actor

водій автобуса

bus driver

таксист

taxi driver

рибалка

fisherman

прибиральниця

cleaning lady

покрівельник

roofer

офіціант

waiter

мисливець

hunter

художник

painter

пекар

baker

електрик

electrician

будівельник

builder

інженер

engineer

забійник

butcher

бляхар

plumber

листоноша

postman

солдат

soldier

архітектор

architect

касир

cashier

флорист

florist

перукар

hairdresser

кондуктор

conductor

механік

mechanic

капітан

captain

дантист

dentist

вчений

scientist

рабин

rabbi

імам

imam

монах

monk

пастор

clergyman

професії - occupations

молоток
hammer

щипці
pliers

викрутка
screwdriver

гайковий ключ
spanner

кишеньковий л
torch

екскаватор

digger

ящик для інструментів

toolbox

драбина

ladder

пилка

saw

цвяхи

nails

свердло

drill

ремонтувати

repair

лопата

shovel

лайно!

Damn!

совок

dustpan

відро з фарбою

paint pot

гвинти

screws

музичні інструменти
musical instruments

динамік
loudspeaker

ударна установка
drum kit

rітара
guitar

контрабас
double bass

труба
trumpet

фортепіано

piano

скрипка

violin

бас

bass

литаври

timpani

барабан

drums

клавіатура

keyboard

саксофон

saxophone

флейта

flute

мікрофон

microphone

тигр
tiger

вхід
entrance

клітка
cage

зебра
zebra

корм
animal feed

панда
panda

тварини

animals

слон

elephant

кенгуру

kangaroo

носоріг

rhino

горила

gorilla

ведмідь

bear

верблюд

camel

страус

ostrich

лев

lion

мавпа

monkey

фламінго

flamingo

папуга

parrot

білий ведмідь

polar bear

пінгвін

penguin

акула

shark

павич

peacock

змія

snake

крокодил

crocodile

працівник зоопарку

zookeeper

тюлень

seal

ягуар

jaguar

поні
....
pony

леопард
....
leopard

гіпопотам
....
hippo

жираф
....
giraffe

орел
....
eagle

кабан
....
boar

риба
....
fish

черепаха
....
turtle

морж
....
walrus

лисиця
....
fox

газель
....
gazelle

американський футбол
American football

їзда на велосипеді
cycling

теніс
tennis

баскетбол
basketball

плавання
swimming

бокс
boxing

хокей
ice hockey

футбол
football

бадмінтон
badminton

легка атлетика
athletics

гандбол
handball

лижні перегони
skiing

поло
polo

стрибати
jump

обіймати
hug

сміятися
laugh

йти
walk

співати
sing

молитися
pray

цілувати
kiss

мріяти
dream

писати

write

малювати

draw

показувати

show

тиснути

push

давати

give

брати

take

мати

have

робити

do

бути

be

стояти

stand

бігати

run

тягнути

pull

кидати

throw

падати

fall

лежати

lie

очікувати

wait

носити

carry

сидіти

sit

одягати

get dressed

спати

sleep

просипатися

wake up

дивитися

look at

плакати

cry

гладити

stroke

розчісувати

comb

розмовляти

talk

розуміти

understand

питати

ask

слухати

listen

пити

drink

їсти

eat

прибирати

tidy up

любити

love

варити

cook

їхати

drive

літати

fly

йти під вітрилом

sail

рахувати

calculate

читати

read

вчитися

learn

працювати

work

одружуватися

marry

шити

sew

чистити зуби

brush teeth

убивати

kill

курити

smoke

посилати

send

бабуся
grandmother

дідуся
grandfather

батько
father

мати
mother

немовля
baby

донька
daughter

син
son

гість

guest

тітка

aunt

дядько

uncle

брат

brother

сестра

sister

чоло
forehead

око
eye

плече
shoulder

палець
finger

обличчя
face

підборіддя
chin

кисть
hand

груди
breast

нога
leg

рука
arm

немовля

baby

чоловік

man

жінка

woman

дівчина

girl

хлопчик

boy

голова

head

спина

back

живіт

belly

пуп

belly button

палець ноги

toe

п'ята

heel

кістка

bone

стегно

hip

коліно

knee

лікоть

elbow

ніс

nose

сідниці

bottom

шкіра

skin

щока

cheek

вухо

ear

губа

lip

тіло - body

рот
mouth

зуб
tooth

язик
tongue

мозок
brain

серце
heart

м'яз
muscle

легені
lung

печінка
liver

шлунок
stomach

нирки
kidneys

статевий акт
sex

презерватив
condom

яйцеклітина
ovum

сперма
semen

вагітність
pregnancy

менструація

menstruation

вагіна

vagina

пеніс

penis

брова

eyebrow

волосся

hair

шия

neck

лікарня
hospital

машина швидкої допомоги
ambulance

інвалідний візок
wheelchair

перелом
fracture

лікар
doctor

відділення швидкої
медичної допомоги

emergency room

медсестра
nurse

аварійний випадок
emergency

непритомний
unconscious

біль
pain

травма
injury

кровотеча
bleeding

інфаркт
heart attack

інсульт
stroke

алергія
allergy

кашель
cough

лихоманка
fever

грип
flu

пронос
diarrhoea

головна біль
headache

рак
cancer

діабет
diabetes

хірург
surgeon

скальпель
scalpel

операція
operation

КТ

CT

рентген

x-ray

ультразвук

ultrasound

маска

face mask

хвороба

disease

зал очікування

waiting room

милиця

crutch

пластир

plaster

пов'язка

bandage

ін'єкція

injection

стетоскоп

stethoscope

ноші

stretcher

термометр

clinical thermometer

народження

birth

надмірна вага

overweight

слуховий апарат

hearing aid

дезінфікуючий засіб

disinfectant

інфекція

infection

вірус

virus

ВІЛ / СНІД

HIV / AIDS

медицина

medicine

вакцинація

vaccination

таблетки

tablets

протизаплідна пігулка

pill

екстрений виклик

emergency call

тонометр

blood pressure monitor

хворий / здоровий

sick / healthy

Допоможіть!

Help!

сигнал тривоги

alarm

напад

assault

атака

attack

небезпека

danger

аварійний вихід

emergency exit

Вогонь!

Fire!

вогнегасник

fire extinguisher

аварія

accident

аптечка

first-aid kit

СОС

SOS

поліція

police

Європа

Europe

Північна Америка

North America

Південна Америка

South America

Африка

Africa

Азія

Asia

Австралія

Australia

Атлантика

Atlantic

Тихий океан

Pacific

Індійський океан

Indian Ocean

Антарктичний океан

Antarctic Ocean

Північний Льодовитий
океан

Arctic Ocean

Північний полюс

North Pole

Південний полюс

South Pole

Антарктика

Antarctica

Земля

Earth

суша

land

море

sea

острів

island

нація

nation

держава

state

циферблат

clock face

годинникова стрілка

hour hand

хвилинна стрілка

minute hand

секундна стрілка

second hand

Котра година?

What time is it?

день

day

час

time

зараз

now

цифровий годинник

digital watch

хвилина

minute

година

hour

Понеділок / Monday
Середа / Wednesday
П'ятниця / Friday
Вівторок / Tuesday
Четвер / Thursday
Субота / Saturday
Неділя / Sunday

вчора

yesterday

сьогодні

today

завтра

tomorrow

ранок

morning

опівдні

noon

вечір

evening

робочі дні

business days

кінець робочого тижня

weekend

дощ
rain

веселка
rainbow

вітер
wind

сніг
snow

весна
spring

літо
summer

осінь
autumn

зима
winter

прогноз погоди
....
weather forecast

термометр
....
thermometer

сонячне світло
....
sunshine

хмара
....
cloud

туман
....
fog

вологість повітря
....
humidity

блискавка

lightning

грім

thunder

шторм

storm

град

hail

мусон

monsoon

повінь

flood

лід

ice

Січень

January

Лютий

February

Березень

March

Квітень

April

Травень

May

Червень

June

Липень

July

Серпень

August

Вересень

September

Жовтень

October

Листопад

November

Грудень

December

форми
shapes

круг

circle

квадрат

square

прямокутник

rectangle

трикутник

triangle

куля

sphere

куб

cube

білий

white

жовтий

yellow

помаранчевий

orange

рожевий

pink

червоний

red

фіолетовий

purple

синій

blue

зелений

green

коричневий

brown

сірий

grey

чорний

black

багато / мало

a lot / a little

лютий / мирний

angry / calm

гарний / бридкий

beautiful / ugly

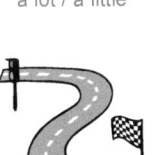

початок / кінець

beginning / end

великий / малий

big / small

світлий / темний

bright / dark

брат / сестра

brother / sister

чистий / брудний

clean / dirty

завершений /
незавершений
complete / incomplete

день / ніч

day / night

мертвий / живий

dead / alive

широкий / вузький

wide / narrow

їстівний / неїстівний

edible / inedible

злий / дружній

evil / nice

збуджений / нудьгуючий

excited / bored

товстий / тонкий

fat / thin

спочатку / востаннє

first / last

друг / ворог

friend / enemy

повний / порожній

full / empty

жорсткий / м'який

hard / soft

важкий / легкий

heavy / light

голод / спрага

hunger / thirst

хворий / здоровий

sick / healthy

незаконний / законний

illegal / legal

розумний / дурний

intelligent / stupid

вліво / вправо

left / right

поруч / далеко

near / far

новий / використаний
new / used

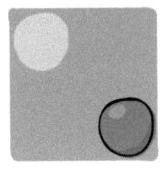

нічого / щось
nothing / something

старий / молодий
old / young

вкл / викл
on / off

відкрито / закрито
open / closed

тихо / гучно
quiet / loud

багатий / бідний
rich / poor

правильно / неправильно
right / wrong

шорсткий / гладкий
rough / smooth

сумний / щасливий
sad / happy

короткий / довгий
short / long

повільно / швидко
slow / fast

вологий / сухий
wet / dry

гарячий / холодний
warm / cool

війна / мир
war / peace

протилежності - opposites

0

нуль

zero

1

один

one

2

два

two

3

три

three

4

чотири

four

5

п'ять

five

6

шість

six

7

сім

seven

8

вісім

eight

9

дев'ять

nine

10

десять

ten

11

одинадцять

eleven

12

дванадцять

twelve

13

тринадцять

thirteen

14

чотирнадцять

fourteen

15

п'ятнадцять

fifteen

16

шістнадцять

sixteen

17

сімнадцять

seventeen

18

вісімнадцять

eighteen

19

дев'ятнадцять

nineteen

20

двадцять

twenty

100

сто

hundred

1.000

тисяча

thousand

1.000.000

мільйон

million

числа - numbers

английська

English

американська англійська

American English

китайська
високочиновницька

Mandarin Chinese

хінді

Hindi

іспанська

Spanish

французька

French

арабська

Arabic

російська

Russian

португальська

Portuguese

бенгальська

Bengali

німецька

German

японська

Japanese

я
I

ти
you

він / вона / воно
he / she / it

ми
we

ви
you

вони
they

хто?
who?

що?
what?

як?
how?

де?
where?

коли?
when?

ім'я
name

ззаду

behind

в

in

перед

in front of

над

over

на

on

під

under

біля

beside

між

between

місце

place